BEI GRIN MACHT SICH I[H] WISSEN BEZAHLT

- Wir veröffentlichen Ihre Hausarbeit, Bachelor- und Masterarbeit

- Ihr eigenes eBook und Buch - weltweit in allen wichtigen Shops

- Verdienen Sie an jedem Verkauf

Jetzt bei www.GRIN.com hochladen und kostenlos publizieren

Bibliografische Information der Deutschen Nationalbibliothek:

Die Deutsche Bibliothek verzeichnet diese Publikation in der Deutschen National-
bibliografie; detaillierte bibliografische Daten sind im Internet über http://dnb.d-
nb.de/ abrufbar.

Impressum:

Copyright © 2009 GRIN Verlag, Open Publishing GmbH
Druck und Bindung: Books on Demand GmbH, Norderstedt Germany
ISBN: 9783640685998

Dieses Buch bei GRIN:

http://www.grin.com/de/e-book/154958/fallstudie-klassisches-projektmanagement-
versus-scrum

Patrick Seifert

Fallstudie: Klassisches Projektmanagement versus Scrum

GRIN Verlag

GRIN - Your knowledge has value

Der GRIN Verlag publiziert seit 1998 wissenschaftliche Arbeiten von Studenten, Hochschullehrern und anderen Akademikern als eBook und gedrucktes Buch. Die Verlagswebsite www.grin.com ist die ideale Plattform zur Veröffentlichung von Hausarbeiten, Abschlussarbeiten, wissenschaftlichen Aufsätzen, Dissertationen und Fachbüchern.

Besuchen Sie uns im Internet:

http://www.grin.com/

http://www.facebook.com/grincom

http://www.twitter.com/grin_com

FOM Fachhochschule für Ökonomie & Management
Nürnberg

Berufsbegleitender Studiengang zum
Diplom Wirtschaftsinformatiker (FH)

5. Semester

Fallstudie I

**Klassisches Projektmanagement und Scrum im
Vergleich unter Anwendung eines Praxisbeispiels**

Autor: Patrick Seifert

Vorwort

"…Wenn nun ein amerikanischer Arbeiter sein 'Baseball' oder ein englischer Arbeit 'Cricket spielt', so wird er alle seine Kräfte anspannen, um seiner Partei zum Siege zu verhelfen; er tut sein allerbestes, so viele 'Läufe' als möglich zu machen. Das Gefühl der Solidarität ist so stark entwickelt, dass einer, der nicht alles hergibt, was an Leistungsfähigkeit in ihm steckt, als 'Kneifer' gebrandmarkt und mit allgemeiner Verachtung gestraft wird.

Am nächsten Tag kehrt derselbe Arbeiter zu seiner Arbeit zurück. Statt nun auch hier alle Kräfte anzustrengen, um möglichst viel zu leisten, wird er in den meisten Fällen mit dem Vorsatz beginnen, so wenig zu tun, als er, ohne aufzufallen, tun kann …"

Frederick Winslow Taylor, vor rund 100 Jahren

Inhaltsverzeichnis

Abbildungsverzeichnis

Tabellenverzeichnis

Abkürzungsverzeichnis

PLA	Projektlenkungsausschuss
IT	Informationstechnologie
Immo	Abteilung Immobilien
WP	Abteilung Wertpapiere
Kredit	Abteilung Kreditvergabe
e-Akte	elektronische Kundenakte
DMS	Dokumentenmanagementsystem

Abstract

English

The classical project management and Scrum are two procedures to create software.

The waterfall lifecycle model shows the operation of the classical project management. In that case, the phases are horizontally ordered and are executed in succession.

It is only applicable, if it is possible to set the standards when starting the project. If mistakes are identified too late, they have to be removed with much energy. Because of the grave disadvantages, the waterfall lifecycle model with its demanding financial efforts, it is today not really convenient and is replaced by a variety of alternative and additional procedural methods such as Scrum.

The paper at hand compares the classical project management with Scrum and tries to solve an unsuccessful example of the practice.

German

Das klassische Projektmanagement und Scrum stellen zwei Vorgehensweisen zur Erstellung von Softwarelösungen dar. Das Wasserfallmodell gibt den Ablauf des klassischen Projektmanagements wider. In diesem sind die Phasen horizontal angeordnet und laufen nacheinander ab,

Es ist nur dann verwendbar, wenn es möglich ist, schon früh die Anforderungen festzuschreiben. Werden Fehler erst spät erkannt, müssen sie mit erheblichem Aufwand entfernt werden. Wegen der gravierenden Nachteile des Wasserfallmodells, die meist erhöhten finanziellen Aufwand bedeuten, hat das Wasserfallmodell heute kaum noch praktischen Wert und wurde in der IT-Industrie durch eine Vielfalt alternativer und ergänzender Vorgehensweisen, wie zum Beispiel Scrum, ersetzt.

Die vorliegende Studie vergleicht das klassische Projektmanagement mit Scrum und versucht damit ein gescheitertes Praxisbeispiel zu lösen.

1. Einleitung

Gegenwärtig ist der Geschäftsalltag ohne eine funktionierende IT-Struktur kaum denkbar. Um dem steigenden Konkurrenzdruck mit Schnelligkeit entgegenwirken zu können, müssen Geschäftsprozesse optimiert und automatisiert werden. Eine individuelle Software muss daher geplant und umgesetzt werden. Gescheiterte IT-Projekte stehen bei den meisten Unternehmen auf der Tagesordnung. Das Misslingen solcher Projekte ist größtenteils auf mangelndes Projektmanagement zurückzuführen. Um Kundenzufriedenheit und Wertschöpfung nachhaltig zu steigern, existieren verschiedene Vorgehensmodelle zur Erstellung von Softwarelösungen.

Eine Möglichkeit gegenüber des klassischen Projektmanagements ist das agile Managementframework Scrum. Agilität ist die Fähigkeit einer jeden IT-Abteilung, zeitnah auf Anforderungen von Kunden und Unternehmen zu reagieren und diese umsetzen zu können.

Der Begriff Scrum hat seine Wurzeln in der Teamsportart Rugby und wird auf Deutsch mit „Gedränge" übersetzt. Beim Rugbyspiel stehen sich acht Spieler je Mannschaft gegenüber und versuchen das Spiel für sich zu entscheiden. Das Funktionieren eines Spielzugs hängt größtenteils von der Teamfähigkeit ab. Scrum fand seinen Ursprung bereits im Jahre 1980, nachdem erstmals bisherige Managementmethoden aufgrund einer unzureichenden Agilität in Frage gestellt wurden (vgl. Bücking, Setzwein, 2006, S.47). In Folge dessen wurden agile Ansatzpunkte entwickelt, die sich unter Scrum zusammenfassen lassen. Dieses wird als schlank bezeichnet, da ein Ziehsystem eingesetzt und Überlastungen systematisch vermieden werden (vgl. Pichler, 2008, S.3).

Ziel der Arbeit ist es, den Ablauf des klassischen Projektmanagements mit dem agilen Managementframework Scrum anhand ausgewählter Merkmale zu vergleichen. Zudem wird ein in klassischer Vorgehensweise gescheitertes IT-Projekt aus der Praxis vorgestellt und Verbesserungspotentiale mittels Scrum aufgezeigt. Ein Fazit beendet die Fallstudie.

2. Klassisches Projektmanagement und Scrum im Überblick

Das Wasserfallmodell gibt traditionell den Ablauf des klassischen Projektmanagements wider. In diesem werden die Softwareentwicklungsprozesse in verschiedene Phasen unterteilt.

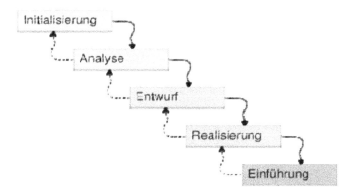

Abb. 1: Wasserfallmodell (eigene Darstellung in Anlehnung an: www.ibr.cs.tu-bs.de)

Jeder einzelnen Phase ist ein definierter Start- und Endpunkt zugewiesen, der
in Meilensteinsitzungen festgelegt wird. Das Wasserfallmodell ist sequentiell
aufgebaut. Jede Phase beginnt erst dann, wenn die davor Liegende erfolgreich
abgeschlossen wurde. Bleibt dieser Erfolg aus, wird zur vorher liegenden Phase
zurückgesprungen. Des Weiteren ist dieses Vorgehen top-down orientiert und
jede einzelne Phase wird vor ihrer Beendigung dokumentiert.
Nachdem das Projekt in Auftrag gegeben wurde, findet die Analyse und damit
die Untersuchung der Ist-Situation statt. Nachdem diese Phase abgeschlossen
ist, wird ein Entwurf ausgearbeitet, der die Soll-Situation darstellt. In der anschließenden Realisierungsphase wird der zuvor beschriebene Soll-Zustand
umgesetzt. Abschließend wird das Projekt getestet, eingeführt und eventuell ein
Kosten-Nutzen Vergleich durchgeführt.

Im Wesentlichen besteht das klassische Projektmanagement aus der Projektleitung, den Projektmitarbeitern und bei komplexeren Projekten dem PLA (vgl. Schnelle, 2006, S.2). Die Projektleitung plant die bereits erwähnten Phasen, setzt Termine, so genannte Meilensteine, fest und ist im ständigen Informationsaustausch mit dem PLA, der die Überwachungsfunktion wahrnimmt. Die einzelnen Projektmitarbeiter arbeiten die festgesetzten Inhalte der Meilensteine systematisch ab.

Im klassischen Projektmanagement werden die Anforderungen an die Softwareapplikation mit dem Auftraggeber abgesprochen und entsprechend umgesetzt. Kunden können entweder externe Unternehmer oder interne Fachabteilungen sein.

In der Praxis zeigt sich oft nach Fertigstellung der Software, dass die Anforderungen, die zu Beginn des Projekts festgelegt wurden, mehrheitlich der technischen IT-Umsetzung entsprechen. Dennoch ist oftmals die Software nicht komplett fehlerfrei und der Kunde hat weitere Ideen zur Verbesserung oder Erweiterung dieser.

Scrum als agiles Managementframework stellt eine weitere Möglichkeit dar, IT-Projekte durchzuführen.

Der Scrum-Prozess besteht aus einem klar definierten Ablauf mit den einzelnen Bestandteilen Product Backlog, Sprint Backlog, dem Sprint an sich und der Auslieferung.

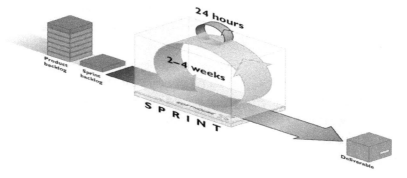

Abb. 2: Überblick Scrum Ablauf (Quelle: www.enterpriselab.ch)

Das Product Backlog enthält alle bekannten Projektanforderungen, die zur Erreichung des Projektziels umgesetzt werden müssen.

Diese werden in der Sprint-Planungssitzung und in Absprache des Teams in Form von Benutzergeschichten, den user stories, in das Sprint Backlog übertragen. Zudem werden in der Sitzung die Benutzergeschichten feingranular in kleine Arbeitspakete, den so genannten Tasks, zerbrochen.

Anschließend beginnt der eigentliche Sprint, in dem die festgelegten Tasks vom Team abgearbeitet werden. Ein Taskboard zeigt alle noch zu erledigenden Arbeitspakete. Sobald erste Tasks erledigt werden, werden diese am Board auf „erledigt" gehangen und im übergeordneten Burndown Chart des jeweiligen Sprints aktualisiert.

Ein Sprint dauert maximal zwei bis vier Wochen. Durch ein tägliches Meeting, dem Daily Scrum, wird der Sprintfortschritt deutlich. Ziel des Sprints nach Ablauf der Bearbeitungszeit ist die Auslieferung eines erfolgreich getesteten Produktinkrements.

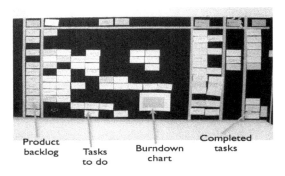

Abb. 3: Physikalisches Taskboard (Quelle: www.loewenfels.ch)

Das Sprint Burndown gibt den Fortschritt im einzelnen Sprint wider. Es zeigt, wie sich die Aufwände im Sprint Backlog täglich entwickeln (vgl. Pichler, 2008, S.171). Anschließend wird die über den Sprint Burndown ermittelte Entwicklungsgeschwindigkeit eines einzelnen Sprints in das Release Burndown Chart übertragen. Dieses zeigt den gesamten Projektfortschritt, indem die Aufwände im Product Backlog am Ende jedes Sprints aufsummiert werden. Somit wird deutlich, wie sich die Aufwände über Sprint-Grenzen hinweg verändern.

Nach dem Sprint werden die erledigten Anforderungen in der Sprint Review begutachtet und abgenommen. Angelehnt an diesen wird, bevor der nächste Sprint geplant wird, die Sprint-Retrospektive durchgeführt. In dieser reflektiert das Team über seine Zusammenarbeit und leitet Verbesserungsmaßnahmen für den nächsten Sprint ab. (vgl. Pichler, 2008, S.8)

Das agile Scrum Managementframework besteht aus drei Rollen. Diese sind Product Owner, Scrum Master und Team.

Abb. 4: Überblick Scrum Rollen (Quelle: www.microtool.de)

Der Product Owner bildet die Schnittstelle zwischen Kunde, Management und Team. Er pflegt und erweitert das Product Backlog und ist außerdem für die Erreichung der wirtschaftlichen Ziele verantwortlich.

Der Scrum Master hilft dem Team Scrum richtig anzuwenden und nimmt somit seine Teamunterstützungsfunktion wahr. Er beseitigt auftretende Hindernisse und hilft die Produktivität kontinuierlich zu verbessern (vgl. Pichler, 2008, S.170). Das Team arbeitet das Sprint Backlog ab und ist für das Erreichen eines auslieferbaren Produktinkrements verantwortlich. Als Produktinkrement wird getestete und dokumentierte Software bezeichnet, die Anforderungen aus dem Product Backlog umsetzt (vgl. Schwaber, 2007, S.170).

3. Methodik: Ablauf des klassischen Projektmanagements und Scrum im Vergleich

3.1 Planung

Die Planung ist sowohl im klassischen Projektmanagement als auch in Scrum die erste Phase im Prozessablauf. Im klassischen Projektmanagement wird die Planung mit Anforderungsmanagement umschrieben, während sie in Scrum durch Product Backlog und Sprint-Planungssitzung definiert ist.

3.1.1 Anforderungsmanagement im klassischen Projektmanagement

Die Planung innerhalb des klassischen Projektmanagements lässt sich in folgende Aspekte gliedern. Es wird festgelegt, womit sich welche Person zu welchem Zeitpunkt mit welcher Aufgabe beschäftigt.

Die Projektleitung plant die Tätigkeiten der einzelnen Mitarbeiter und teilt ihnen Aufgaben zu. Ferner legt sie Meilensteine fest, zu denen Teilziele erfolgt sein müssen, die vom PLA überwacht werden. Die Planung findet somit dezentral vom Team statt.

3.1.2 Product Backlog und Sprintplanning in Scrum

Grundgedanke von Scrum ist es, von der zentralen Planung eines Softwareentwicklungsprojekts abzusehen und dem Projektteam mehr Eigenverantwortung und Handlungsspielraum zukommen zu lassen. Die Planung in Scrum wird somit zentral vom Team durchgeführt.

Am Anfang eines jeden Entwicklungszyklus, kurz Sprint, wird eine Sprint-Planungssitzung durchgeführt. In dieser stellt der Product Owner seine user stories aus dem Product Backlog vor.

Die Aufwände der einzelnen Benutzergeschichten werden vom Team geschätzt und anschließend dokumentiert.

Nach der Schätzung werden die für den Sprint vorgesehenen Benutzergeschichten feingranular in Tasks gegliedert und zur Abarbeitung durch das Team freigegeben.

3.1.3 Kritische Bewertung

Während die Planungsphase im klassischen Projektmanagement ein isolierter Teilprozess des Gesamtprojektes ist, das heisst, nur einmalig am Anfang durchgeführt wird, erweitert sich die Planung in Scrum kontinuierlich weiter. Ein weiterer bedeutsamer Aspekt ist der Einbezug des Product Owners in das gesamte Entwicklungsgeschehen in allen Phasen. Somit können Funktionalitäten, wie zum Beispiel Software-Features, zeitnah entfernt, geändert oder neu hinzugefügt werden.

Weiterhin ist die Anpassungsfähigkeit von Programmfragmenten an den Endanwender bei dieser Planungsmethode wesentlich flexibler, da kaum Realisierungsverluste bei der Umsetzung des Projekts auftreten. Beim klassischen Planen werden oftmals bereits umgesetzte Features komplett verworfen.

3.2 Durchführung

Sowohl im klassischen Projektmanagement als auch in Scrum müssen die geplanten Prozesse realisiert werden. Der Realisierungsablauf in Scrum unterscheidet sich deutlich von der klassischen Realisierungsphase.

3.2.1 Realisierungsablauf im klassischen Projektmanagement

Die Durchführung innerhalb des klassischen Projektmanagements ist eine eigenständige Phase, die auf der Projektplanung aufbaut und sich auf die Abarbeitung der von der Projektleitung geplanten und vergebenen Arbeitspakete bezieht.

Die Projektmitarbeiter, die an der Realisierung beteiligt sind, sind somit nur ausführendes Organ. Sie haben wenig bis gar keinen Einfluss auf das weitere Vorgehen innerhalb des Projekts, da diesen ausschließlich die Projektleitung innehat.

3.2.2 Sprintablauf in Scrum

Die Realisierung wird in Scrum in so genannten Sprints abgehandelt.

> "Das Ziel [des Sprints] ist die Lieferung von Produktteilen, nach jedem
> Sprint und nach einer gewissen Anzahl von Sprints sollte soviel Produkt
> entstanden sein, dass wir es an unsere Kunden ausliefern können."
> (Gogler, 2008, S.181)

Ein Sprint dauert in der Regel 30 Tage und kann als eine Art Miniprojekt ange-
sehen werden. Die Anzahl der zu erledigenden Tasks werden in Sprint-
Planungssitzungen vom Team selbst bestimmt. Damit ist sicher gestellt, dass
das Team vor Überlastungen geschützt ist.

Am Ende eines Sprints ist eine dokumentierte, getestete, lauffähige Software
als Teil des gesamten zu erstellenden Softwareprodukts entwickelt. Zusätzlich
wird an jedem Sprinttag ein kurzes tägliches Meeting, das Daily-Scrum, mit allen Teambeteiligten abgehalten, das den Sprintfortschritt transparent macht.
Das Meeting dauert maximal 15 Minuten. Währenddessen gibt jedes Teammitglied Auskunft über den Stand der Entwicklung, indem es einen Überblick darüber gibt, was es seit dem letzten Daily-Scrum umgesetzt hat, woran es weiter
arbeiten wird, und ob gegebenenfalls Behinderungen beim Ausführen seiner
Aktivitäten aufgetreten sind (vgl. Schwaber, 2007, S.169).

Des Weiteren wird der Sprintablauf im Sprint Burndown Chart, das für alle Beteiligten stets einsehbar ist, dokumentiert. Es zeigt, wie sich die Aufwände im
Sprint Backlog von Tag zu Tag entwickeln (vgl. Schwaber, 2007, S.171).

3.2.3 Kritische Bewertung

Im klassischen Projektmanagement sind in der Realisierungsphase neu hinzu-
kommende Anpassungen mit großem Aufwand verbunden. Dem gegenüber
kann in Scrum, innerhalb eines Sprints, flexibler auf Hindernisse eingegangen
werden. Durch das inkrementelle Arbeiten in sehr kurzen Arbeitszyklen wird
eine Realisierung in die falsche Richtung schneller erkannt, weil der Product
Owner täglich beim Daily Scrum teilnimmt. Aufgrund der aktiven Teilnahme des
Product Owners, der die Schnittstelle zwischen Kunde, Management und Team
bildet, bleiben stets alle Handlungsoptionen offen und es kann schnell und ziel-
gerichtet interveniert werden (vgl. Bücking, Setzwein, 5/2006, S.50).

Ein weiterer wesentlicher Vorteil von Scrum ist die Einbeziehung des Teams. Dieses entscheidet, wie es die zuvor selbst festgelegten Sprint Backlog Items im Sprint umsetzen wird. Durch diese Selbstorganisation und Bevollmächtigung steigt die Mitarbeiterzufriedenheit stark an.

3.3 Testmanagement

Ebenso wie im klassischen Projektmanagement muss auch in Scrum die erstellte Software vor der eigentlichen Auslieferung getestet werden. Dieser erfolgt durch technische und fachliche Testverfahren.

Beide Vorgehensweisen verwenden dieselben Verfahren, die sich allerdings deutlich im zeitlichen Ablauf unterscheiden.

3.3.1 Testmanagement im klassischen Projektmanagement

Das Testmanagement im klassischen Projektmanagement umfasst Modul- und Integrationstests der Entwickler und wird innerhalb des Projektverlaufs einmalig anhand der anfangs formulierten Soll-Ziele durchgeführt.

Fachliche Tests werden in Zusammenarbeit mit dem Kunden erstellt. Das fertige Softwareprodukt wird somit nicht kontinuierlich getestet, sondern nur einmalig in der Testphase vor seiner Auslieferung.

3.3.2 Testmanagement in Scrum

In Scrum werden die neu erstellten Module bereits während eines Sprints auf ihre Lauffähigkeit getestet, da diese am jeweiligen Sprint-Ende gewährleistet sein muss. Wird ein Programmfehler festgestellt, so wird dieser vom verantwortlichen Teammitglied umgehend korrigiert.

Fachliche Tests werden ebenso wie im klassischen Projektmanagement durchgeführt.

In der anschließenden Sprint-Review werden die erstellten Programmteile dem Product Owner mit dem Ziel einer erfolgreichen Abnahme vorgestellt

3.3.3 Kritische Bewertung

Der wesentliche Unterschied der beiden Verfahren liegt im zeitlichen Ablauf des Testmanagements.

Während im klassischen Vorgehen einmalig getestet wird, werden die Arbeitsergebnisse in Scrum permanent technischen und fachlichen Tests unterzogen. Dies hat den Vorteil, dass auftretende technische als auch fachliche Fehler zeitnah korrigiert werden können.

3.4 Auslieferung

Nachdem die Software getestet wurde, wird sie an den Kunden ausgeliefert. Der Zeitpunkt der Auslieferung im klassischen Projektmanagement unterscheidet sich allerdings deutlich von dem in Scrum.

3.4.1 Abnahme im klassischen Projektmanagement

Die Abnahme der Software im klassischen Projektmanagement ist die letzte Phase des Wasserfallmodells. Sobald alle Phasen erfolgreich durchlaufen wurden und die Software fertig gestellt wurde, wird sie dem Kunden vorgeführt und von ihm abgenommen.

3.4.2 Produktinkremente in Scrum

In Scrum werden die einzelnen Produktinkremente, die die Ergebnisse eines Sprints darstellen, kontinuierlich dem Product Owner im Sprint Review präsentiert. In diesem werden die erstellten Produktinkremente vom Product Owner abgenommen.

3.4.3 Kritische Bewertung

Im Gegensatz zum klassischen Projektmanagement werden in Scrum kleine Arbeitspakete des Gesamtprojekts nach jedem Sprint abgenommen. Durch die fortwährende Begutachtung der Ergebnisse nach jedem Sprint durch den Product Owner, der die Bedürfnisse des Kunden kennt, ist sichergestellt, dass dieser genau das Produkt geliefert bekommt, das er wirklich möchte. Die Kundenzufriedenheit steht somit an höchster Stelle.

4. Klassisches Projektmanagement und Scrum in der Praxis

4.1 Ausgangslage

Für die Fiktiv Bank AG soll ein individuelles Softwarepaket im Bereich Dokumentenmanagement und Archivierung entwickelt werden.

Das Unternehmen ist unter anderem in drei diverse spartenspezifische Fachabteilungen, Immo, WP und Kredit, einer globalen Anwendungsentwicklung sowie einer Systembetriebsabteilung aufgegliedert. Um nachhaltig Kosten zu sparen und den Workflow rund um die Kundenbetreuung zu optimieren, gab der Vorstand ein Projekt in Auftrag, das die Papierakte durch eine elektronische Aktenverwaltung ersetzen soll. Das Projekt wurde nach klassischen Gesichtspunkten des Projektmanagements durchgeführt.

Aus Vereinfachungsgründen dieser Studie wird der Projektstart auf den 01.01.2008 terminiert.

An dem Projekt arbeiten seit Anfang 2008 20 Mitarbeiter aus der Anwendungsentwicklung, zehn aus der Systembetreuung und fünf aus einer spartenspezifischen Fachabteilung.

Die Gesamtprojektdauer wurde auf drei Jahre festgelegt.

Im Wesentlichen wurde das Projekt auf drei Teilprojekte, die nacheinander erfolgen sollen, aufgeteilt.

Nr.	Teilziel
1	Produktivsetzung der e-Akte für den Bereich Immo
2	Produktivsetzung der e-Akte für den Bereich WP
3	Produktivsetzung der e-Akte für den Bereich Kredit

Tab. 1: Teilprojekte der Fiktiv Bank AG: E-Akte (Quelle: eigene Darstellung)

Das Planungsgremium für Teilziel Nr. 1 umfasst neben der IT-Führung auch Führungskräfte und Mitarbeiter der Fachabteilung Immo.

In mehreren Planungssitzungen wurde eine entsprechende Meilensteinplanung ausgearbeitet, die mit dem zuständigen Ressortvorstand abgestimmt wurde.

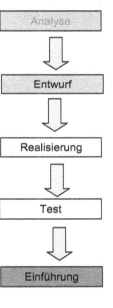

Nr.	Zeitplan	Gewünschter Soll-Zustand
1	01/08	Definierung Soll Ziele für Immo
2	02/08	Entscheidungsfindung für Eigenentwicklung oder Fremdsoftware
3	03/08	Abschluss der Anbieterauswahl für Hochleistungsscanner zum Bearbeiten der Eingangspost
4	05/08	Realisierung Posteingangsverarbeitung innerhalb der e-Akte
5	07/08	Realisierung Postausgangsverarbeitung innerhalb der e-Akte
6	09/08	Freigabe zum Test für die Fachabteilung mit ausgewähltem Testbestand
7	10/08	Abschluss der fachlichen Tests und Abnahme der papierlosen Akte
8	01/09	Einführung für Immo Kunden

Tab. 2: Meilensteinplanung: Teilprojekt Nr. 1 e-Akte (Quelle: eigene Darstellung)

4.2 Ablauf des Projektes

Nachdem das Projekt pünktlich am 01.01.2008 gestartet war, konnte der erste Meilenstein, die Definition des Soll-Zustands durch die Immo, terminlich eingehalten werden.

Nach einer vernachlässigten Marktsichtung nach Drittanbietern, wurde im März 2008 entschieden, die Software ohne jeglichen externen Support in Eigenregie zu entwickeln. Ende Mai, zwei Monate später als geplant, wurden drei Hochleistungsscanner eines in diesem Gebiet marktführenden Unternehmens bezogen. Die eigentliche Realisierungsphase konnte daher erst im Juni starten und zog sich nach einigen Problemen bis August 2008 hinaus.

Die Schwierigkeiten sind im Wesentlichen auf mangelnde Kommunikation zwischen Projektleitung und Projektmitarbeitern sowie fehlendes Fachwissen im Bereich DMS zurückzuführen. Immer wieder wurden definierte Prozesse gekippt und neu entwickelt.

Der erste Prototyp für die Posteingangsverarbeitung wurde im September 2008 mit abgespecktem Funktionsumfang und aufgrund erhöhten Zeitdrucks mangelhaft getestet zur Verfügung gestellt. Die noch nicht ausgiebig getestete Software lief zu diesem Zeitpunkt relativ stabil. Allerdings wurden die Soll-Funktionalitäten größtenteils anders umgesetzt, als sie vom Fachbereich gefordert waren. Die Zuordnung des digitalisierten Posteingangsverfahrens verlief nicht ohne Komplikationen und war damit sehr fehleranfällig.

Des Weiteren kam hinzu, dass Projektmitarbeiter die Projektleitung immer wieder auf Probleme aufmerksam gemacht hatten, diese aber in den PLA Sitzungen nicht angesprochen wurden. Grund dafür war, dass die Projektleitung nach außen keine Unregelmäßigkeiten im Rahmen des Projektablaufs zugeben wollte.

Zwischen Projektleitung und PLA wurde, nachdem das fehlerhafte Auskunftssystem der Fachabteilung zur Verfügung gestellt war, darüber diskutiert, ob der Ablauf und die Umsetzung des Projekts korrekt verlaufen waren.

Im PLA wurde daraufhin entschieden, das Auskunftssystem zu deaktivieren und das Projekt weitgehend neu aufzurollen.

Im November 2008 wurde das Projekt offiziell für gescheitert erklärt und die Vorgehensweise dahingehend geändert, dass das Archivsystem in Zusammenarbeit mit einer externen Consulting Firma entwickelt werden sollte.

Die bereits investierten Aufwände waren somit zum größten Teil unnötig geworden.

4.3 Lösungsansatz mit Scrum

Sowohl im klassischen Projektmanagement als auch in Scrum muss ein anstehendes Projekt geplant werden. Die klassische Projektplanung der Fiktiv Bank AG fand dezentral und somit abseits der beteiligten Mitarbeiter statt. Wären, wie es das agile Managementframework Scrum vorsieht, die Mitarbeiter in die Planung miteinbezogen worden, so hätte man diese effektiver durchführen können, da mehr Einflussmöglichkeiten aus der betrieblichen Praxis gegeben gewesen wären. Die Entscheidung, das Produkt entweder selbst zu entwickeln oder von extern zu beziehen, wäre damit in Abstimmung mit dem Team gefallen. Denkbar wäre es bereits zu Beginn der Planungsphase gewesen und nicht erst nach dem offiziellen Scheitern des Projekts, bestimmte Projektteile extern auszugliedern und sich auf seine eigenen Kernkompetenzen zu konzentrieren.

Die Kundenwünsche sowie die Anforderungen an die Software wurden im Projekt der Fiktiv Bank AG laut Ansatz des klassischen Projektmanagements einmalig aufgenommen. Im Gegensatz dazu bietet Scrum die Möglichkeit einer ständigen Aktualisierung der Anforderungen und Bedürfnisse des Kunden. Dies wäre aus Sicht der Fiktiv Bank AG wünschenswert gewesen, da dann das Endprodukt auch den sich ständig weiterentwickelnden Soll-Vorstellungen des Kunden während des Prozessablaufs entsprochen hätte.

Im Vorfeld der Realisierungsphase wurden von der Projektleitung die Aufgaben unter Anwendung der klassischen Projektmanagementmethode verteilt.

Des Weiteren wurden in der anschließenden Realisierungsphase auftretende Kommunikationsprobleme unterschätzt. Mit Scrum hingegen ist die Kommunikation, allein wegen des täglichen Zusammentreffens und Austauschs aller Projektmitarbeiter, von höchster Bedeutung. In Scrum wäre der Product Owner, der unter anderem auch die Kundenbedürfnisse vertritt und eine Überwachungsfunktion inne hat, ständig in die Realisierung eingebunden. Im Wesentlichen hätte er die unzureichend umgesetzten Funktionalitäten sofort erkennen und beseitigen können. Die Bereitstellung des Prototyps der e-Akten-Verwaltung in der Immo geschah aufgrund des Zeitmangels wegen einer zu langen Realisierungsphase nahezu ungetestet. Dies hatte zur Folge, dass auftretende Fehler nicht bereits im Vorfeld der Auslieferung behoben wurden.

Da in Scrum kontinuierlich nach jedem Sprint einzelne Funktionalitäten erarbeitet und erfolgreich getestet zur Verfügung stehen müssen, werden diese bereits in der Realisierung auf technische und fachliche Richtigkeit überprüft. Das Risiko einer fehlerhaft ausgelieferten Software wird somit minimiert und die Kundenzufriedenheit optimiert.

Eine Einführung der e-Akte für den Fachbereich Immo hatte nicht stattgefunden, da die Software zu fehleranfällig war und aus der Produktion genommen wurde. In Scrum wird die Software allerdings Schritt für Schritt entwickelt, getestet und ausgeliefert. Die Software ist somit zweifellos fehlerfrei, der Kunde nicht verärgert und das Projekt erfolgreich abgeschlossen.

5. Fazit

Scrum ist eine agile Vorgehensweise zur Durchführung von IT-Projekten. Diese Methode des Managementframeworks hat sich in den letzten Jahren besonders in den Vereinigten Staaten von Amerika etabliert.

In Deutschland ist Scrum noch weitgehend unbekannt. Dies mag an verschiedenen Gründen liegen. Einerseits sind in Deutschland viele Vorgänge in Scrum ohnehin üblich, so dass Projektleiter bei einem oberflächlichen Blick auf Scrum durchaus davon überzeugt sein können, dass sie sowieso schon nahezu alle agilen Vorgehensweisen nutzen und daher kein Scrum brauchen. Andererseits werden mit Scrum Schwachstellen und Probleme kurzfristig sichtbar. Dies ruft oftmals Widerstände bei den Führungsgremien hervor, die ihr Projekt nach außen stets mit der Formulierung „alles bestens" beschreiben. Dies ist besonders gut anhand des bereits erwähnten Praxisbeispiels nachzuvollziehen.

Eine weitere Schwierigkeit stellt sich für solche Unternehmen dar, deren Aufbauorganisation die Zusammenarbeit zwischen den Organisationseinheiten in Form von querfunktionalen Teams nicht zulassen.

Zusammenfassend ist festzuhalten, dass das agile Managementframework Scrum durchaus eine echte Alternative zum klassischen Projektmanagement darstellt und es daher wünschenswert wäre, dass diese Methode auch in Deutschland Einzug hält.

Literatur- und Quellennachweis

Bücher

Gloger, Boris(2008): Scrum - Produkte zuverlässig und schnell entwickeln,
    1. Auflage, Carl Hanser Verlag, München

Pichler, Roman (2008): Scrum Agiles Projektmanagement erfolgreich
    einsetzen, dpunkt.verlag, 1. Auflage, Heidelberg

Schwaber, Ken (2007): Agiles Projektmanagement mit Scrum, MicrosoftPress,
    1. Auflage, Unterschleißheim

Fachartikel

Schnelle, Wolfgang (2006): Wenn klassisches Projektmanagement in die
    Sackgasse führt, in: Ehrl, Birgit (Hrsg.): Handbuch –
    innovatives Projektmanagement, Kissing

Internet

Bücking, Setzwein: IT-Projekte sicher leiten – was leistet agiles
    Projektmangement, www.setzwein.com

Institut für Betriebssysteme und Rechnerverbund: Wasserfallmodell,
    www.ibr.cs.tu-bs.de

Enterprise Lab Documentation, HTAgil vs. Scrum: Überblick Scrum Ablauf,
    www.enterpriselab.ch

Keinform.de: Scrum - Software Toyotismus:
    www.keinform.de

Löwenfels Partner AG: Informatik in neuer Dimension, Physikalisches
    Taskboard, www.loewenfels.ch

Microtool, Tools für Projektmanagement und Softwareentwicklung:
    Überblick Scrum Rollen, www.microtool.de

Der 09.06.2009 gilt als letzter Zugriffszeitpunkt der aufgeführten
Internetadressen.

www.ingramcontent.com/pod-product-compliance
Lightning Source LLC
LaVergne TN
LVHW042315060326
832902LV00009B/1500